GAVARNI

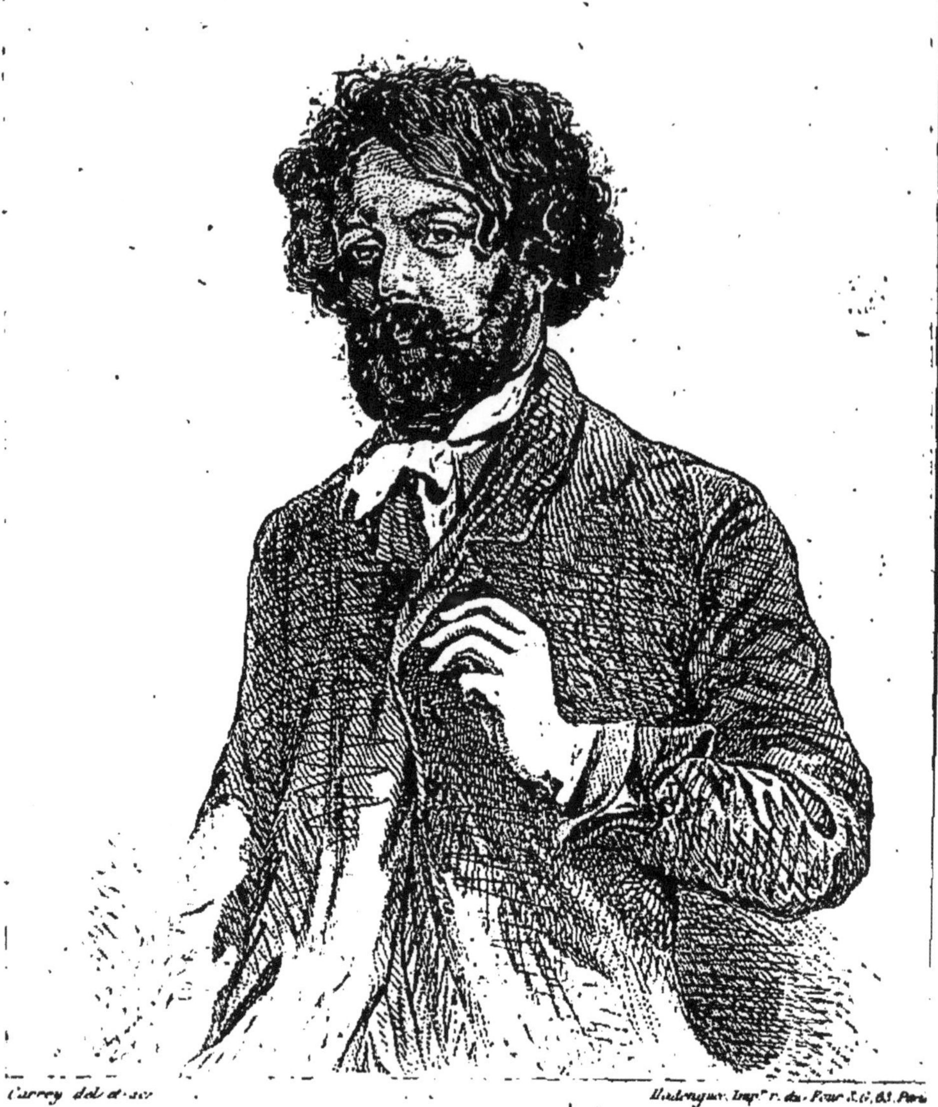

GAVARNI

GAVARNI

PAR

EUGÈNE DE MIRECOURT

PARIS

GUSTAVE HAVARD, ÉDITEUR

BOULEVARD DE SÉBASTOPOL

rive gauche

L'Auteur et l'Éditeur se réservent tous droits de reproduction

1858

GAVARNI

Trop souvent nous sommes en face de portraits odieux, laids ou sinistres, qui nous forcent à couvrir la palette de couleurs sombres.

Foin des natures perverses, des âmes envenimées, des politiques menteurs, des écrivains pirates! Arrière les hypocrites, les méchants et les lâches!

Nous n'avons aujourd'hui rien de pareil à peindre.

Il nous faut des tons joyeux, des nuances éclatantes, du rire surtout et de la gaieté franche, si notre plume veut suivre à la piste le crayon du maître, ce crayon si fin, si léger, si railleur, si plein d'esprit de bon aloi, de critique amusante et de verve intarissable.

On demandait à Gustave Doré :

— Quel est, selon vous, le plus grand peintre de nos jours?

— C'est Gavarni, répondit sans hésiter Gustave, qui ne manque pas d'idées saines, bien qu'il soit le héros de l'indépendance folle, l'apôtre de la fantaisie pyramidale et le coryphée du burlesque dans les arts.

Personne au monde ne s'avisera de nier que la reproduction fidèle d'une époque et de ses types les plus saillants constitue la valeur positive d'un artiste. Un jour nos derniers neveux seront forcés d'ouvrir l'album de Gavarni, s'ils veulent trouver l'histoire de nos habitudes, de nos costumes, de nos plaisirs, de notre caractère et de nos mœurs.

Le nom de famille du célèbre dessinateur est Guillaume-Sulpice Chevalier [1].

Son père, simple villageois, après avoir,

---

[1] Gavarni est le neveu du peintre Thiémet, qui a fait des tableaux estimés sous la première République et sous le Directoire.

au commencement de ce siècle, amassé
dans l'agriculture une modeste aisance,
vint se marier à Paris et y résider.

Guillaume-Sulpice est né parisien.

M. Chevalier ne voulut pas mettre son
fils au collége. Il lui donna des maîtres à
domicile, cherchant surtout à le pousser
vers l'étude des sciences exactes et le des-
tinant à l'École polytechnique.

Le jeune élève fit des progrès rapides;
il devint bon mathématicien.

Studieux et solitaire, il ne se livrait
qu'à de rares intervalles aux distractions
de son âge. La géométrie, cette science
des lignes, des mesures et des surfaces,
lui inspira le goût du dessin.

Bientôt ce goût fut une passion dominante; les marges de son cahier d'algèbre en donnèrent la preuve.

Petit à petit, la figurine, le paysage ou l'aquarelle, usurpant la place destinée au texte scientifique et gênant la marche des formules, finirent par se jeter étourdiment au milieu de la solution des problèmes.

Sulpice ne renonça pas toutefois à ses premières études. Il mena de front les mathématiques et le dessin.

Nous le retrouvons, à l'âge de dix-sept ans, au hameau de Gavarni, dans les Hautes-Pyrénées, où il accompagne le directeur du cadastre [1].

---

[1] Des personnes bien informées assurent qu'il était entré d'abord en apprentissage chez un mécanicien, et qu'il avait, à l'âge de quinze ans, fait de lui-même

Ces messieurs arpentent les vallées et les montagnes.

Après avoir posé les jalons, tendu la chaîne d'arpenteur et aligné force chiffres, Sulpice crayonne les sites pittoresques d'alentour, puis revient, au coucher du soleil, montrer ses croquis dans le salon de quelque manoir du voisinage.

De jolies châtelaines les admirent.

On comble le dessinateur d'éloges, et ces dames veulent être croquées à leur tour.

Ce fut dans un de ces salons hospitaliers que se décida la vocation du jeune homme

et sans secours un sextant de marine, avec les lunettes et les alidades

Regardant un journal de modes, publié par M. de Lamessangère, il se prit à rire du rococo scandaleux des costumes de carnaval, qui éternisaient le polichinelle et le pierrot.

— Essayez alors de dessiner d'autres costumes, lui dit une des châtelaines.

Sulpice prend son crayon, trace deux personnages, les habille de pied en cap, et chacun de se récrier sur la grâce et sur l'originalité de ses esquisses.

Il venait d'inventer le débardeur et le titi.

— Monsieur Chevalier, dit la châtelaine, permettez-moi d'envoyer ces dessins à mon journal.

— Très-volontiers, répond le jeune

homme. C'est un joli début sur le chemin de la gloire !

Plaisantant et riant, il signe ses dessins *Gavarni*, du nom du hameau où le directeur du cadastre et lui ont fixé le centro de leurs opérations.

Certes, il ne se doutait guère que ce nom lui resterait par la force même de la publicité.

Fort peu de personnes ont jusqu'ici connu l'autre, et le *Moniteur*, sur sa liste officielle, n'a point écrit *Chevalier*, mais bien *Gavarni*, le jour où notre artiste reçut la croix de la Légion d'honneur.

Il ne fut décoré qu'en 1852.

Sept ou huit années auparavant, conduit par hasard dans le cabinet de M. Cavé, il reçut charmant accueil de l'autocrate des beaux-arts.

— Que pouvons-nous faire pour vous être agréable? lui dit celui-ci. Voulez-vous la croix ?

— Très-volontiers, répond Gavarni; cela va bien sur un habit noir.

— Alors, rédigez votre demande, là, sur mon bureau.

— Hein? s'écrie le dessinateur.

— C'est une condition *sine quâ non.* Pour obtenir la croix, il faut la demander.

— En ce cas, je ne l'aurai jamais! dit Gavarni, car je ne remplirai pas la condition.

Ceci, en passant, à la louange de ces

messieurs qui ont obtenu la croix sous
Louis-Philippe, — et revenons aux débuts
de Gavarni.

Les dessins expédiés par la châtelaine
à M. de Lamessangère obtiennent un succès prodigieux.

Quelques mois après, le jeune artiste
est de retour dans la capitale [1], renonçant
au cadastre et ne pouvant suffire aux de-
mandes adressées à son crayon.

Gavarni n'a jamais eu à lutter contre

[1] Il ne revint pas, dit-on, sans avoir franchi les Py-
rénées et visité l'Espagne. Nous n'avons pu recueillir
aucun détail sur ce voyage. Seulement il paraît que
le jeune homme, regagnant Paris et passant par Bor-
deaux, eut dans cette ville un duel, à propos d'une
bouffée de cigarette lancée trop près du visage d'un
monsieur qui n'aimait pas l'odeur du tabac.

les obstacles qui entravent l'artiste au début de la carrière.

Salué tout d'abord par la vogue, il ne connut ni le tâtonnement ni le doute, et ses allures artistiques se développèrent sans gêne comme sans effort dans le domaine de la fantaisie gracieuse.

Il dessina pendant cinq ans presque toutes les gravures de mode, presque tous les costumes de théâtre; il était l'enfant gâté des actrices et la joie des directeurs, qui le comblaient de félicitations et de coupons de loges.

Notre héros est un de ces hommes privilégiés, dont la jeunesse n'a eu que de riantes perspectives.

S'il a trouvé plus tard, le long de la

route, quelques épines, c'est pour avoir trop constamment marché sur des roses.

On est émerveillé d'apprendre que cet homme, dont l'œuvre est si colossale, ne travaille absolument qu'à ses heures de caprice, et, — chose bizarre, — s'il ne travaillait pas en se jouant, pour ainsi dire, et s'il prenait au sérieux son crayon, peut-être ne serait-il plus Gavarni.

M. de Girardin fonde la *Mode*. Il demande au jeune homme des croquis.

— Je ne vous les payerai que médiocrement, lui dit-il; mais, si vous lancez un jour quelque affaire, je vous promets un coup d'épaule.

— Malheureusement, répond Gavarni,

je ne suis pas assez riche pour songer à la moindre spéculation.

— Bah! riche ou pauvre, qu'importe? Les affaires, c'est l'argent des autres!

Déjà très-observateur, le malin artiste prit en note cette jolie réponse et la plaça, huit ou dix ans plus tard, au bas de l'une de ses études de mœurs.

Émile ne lui a jamais pardonné cet excès de mémoire[1].

---

[1] Lorsque notre héros dessina l'anecdote, Girardin le fit attaquer dans son journal et l'accusa, non-seulement de composer des croquis *obscènes*, mais aussi d'être républicain. Gavarni, dans une réponse très-spirituelle, trop longue pour être ici reproduite, battit la *Presse* à plate couture. Sa lettre commençait ainsi : « L'auteur des *Débardeurs*, *Lorettes*, etc., etc., prie M. Dujarrier d'avoir l'extrême obligeance de lui permettre un mot de réponse à l'entre-filet de la *Presse* de dimanche, ou, en cas de refus du susnommé, re-

Gavarni, tout en restant le fournisseur
attitré de la *Mode*, compose des sujets gracieux pour une foule de publications litté-
raires.

Il lui vient à l'idée de créer le *Journal
des gens du monde*[1].

Mais il ne recourt pas à l'argent des
autres et veut soutenir cette affaire avec
ses propres ressources. Des frais immenses

quiert, de par le roi, la loi et la justice, ledit sieur
d'insérer, à bref délai, dans icelle feuille la réplique
susdite, dont la teneur suit. » Gavarni prouve ensuite
au grand Émile qu'il n'est pas *obscène*, et encore
moins républicain.

[1] Cet ouvrage, entièrement illustré par Gavarni, ne
se trouve plus aujourd'hui que dans les bibliothèques
d'élite. M. Dutacq, que la mort vient d'enlever d'une
açon si brusque, par ce temps de coups de foudre
apoplectique, nous en avait montré un exemplaire.
C'est un fort beau livre et dont les dessins ont une
grande valeur.

le ruinent; les créanciers se fâchent, et le tribunal de commerce lui jette aux jambes des entraves dont il n'est pas encore pleinement dégagé.

— Pourquoi n'essayeriez-vous pas de la caricature? lui dit l'imprimeur Caboche. Le *Charivari* vient de la remettre en vogue, travaillez au *Charivari*.

— Je n'ai pas le sens caricatural, répond notre héros.

— Eh! faites ce qui vous plaira! J'accepte tout d'avance.

Le lendemain, Gavarni apporte au journal le premier numéro de la *Boîte aux lettres*.

Son genre est trouvé.

Modeste de sa nature, il n'écrit pas d'a-

bord la légende au bas de ses dessins. Philippon se charge de ce soin ; mais, comme
ce dernier s'acquitte fort mal de la be-
sogne, Gavarni lui retire sa confiance et
marie l'esprit du texte à l'esprit du crayon.

C'était l'époque du grand succès des
Robert-Macaire.

— Une idée ! s'écrie un jour Caboche.
Il y a évidemment application possible du
même type aux femmes. Qu'en pensez-
vous ?

— Je pense, répond l'artiste, que le
beau sexe n'aura pas lieu d'être flatté de
la peinture.

— Tant pis. Faites *madame Robert-
Macaire.*

— Un instant, nettoyons l'idée ! Qu'est-ce

que Robert-Macaire? c'est la fourberie. Eh bien, je vous ferai la *Fourberie des femmes en matière de sentiment.*

Tout aussitôt une collection de ravissantes esquisses, pleines de finesse et d'observation, suivit ce nettoyage de l'idée de M. Caboche.

Le plus souvent Gavarni dessine au hasard, sans se rendre compte de la fantaisie qu'il jette sur le vélin. Son croquis fait, il le regarde et se demande :

— Voyons, bons-hommes, que dites-vous là?

Toujours les bons-hommes disent quelque chose. Gavarni prend la plume pour écrire leur dialogue, et sa lettre est constamment délicieuse.

En 1837, Dutacq arrive à la direction du *Charivari*.

Le journal ne comptait alors que huit cents abonnés. Dans les premiers mois de son administration, le nouveau directeur porte ce chiffre à trois mille.

Jaloux d'un tel succès, Philippon, l'ex-propriétaire, imagine de créer une concurrence.

Il fonde la *Caricature provisoire*.

A l'instant même, Dutacq oppose à cette feuille rivale une brusque résurrection du *Figaro*. Le concurrent s'avoue battu, et la *Caricature provisoire* tombe entre les mains de l'habile administrateur, qui rassemble ainsi trois journaux artistiques sous sa tutelle.

En aucun temps les dessins n'eurent une vogue plus brillante.

Gavarni et Daumier rivalisaient de verve. Alphonse Karr, Léon Gozlan, Louis Desnoyers, Eugène Guinot, fournissaient le texte, et l'auteur de la *Peau de chagrin* lui-même écrivit pour l'une de ces heureuses feuilles les *Petites misères de la vie conjugale*.

A cette époque, on trouvait éternellement Gavarni mêlé à la foule.

Il observait les physionomies, étudiait les mœurs, ne perdait pas un trait de caractère et saisissait au vol tous ses types.

Très-philosophe, et doué d'un jugement sûr, d'un tact parfait d'appréciation, il ne se passionne pas; il voit les choses à nu, fait tomber le masque et déshabille l'hy-pocrisie.

Rien n'égale son aversion pour les bour-geois, pour les actrices, pour les lorettes surtout, que, dans son langage un peu trop accentué, il appelle des *rosses in-fâmes*.

Si nous donnions la liste complète de ses œuvres, série par série, ce volume ne suffirait pas à la tâche.

Le fécond artiste a tracé la silhouette entière de son siècle.

On a de lui plus de soixante mille des-sins et plus de quatre ou cinq cents collec-tions diverses. Cette œuvre énorme contient à péine dans une vaste chambre de sa maison.

Mettez une pierre lithographique à la place de chaque dessin, vous aurez de quoi bâtir un pont sur la Seine, à l'endroit où le fleuve a le plus de largeur.

Donc impossible d'examiner tout. Nous allons feuilleter à l'aventure.

Voici le *Carnaval*, une des collections les plus désopilantes[1].

Au pied de cette affiche monstre dont l'Opéra couvre les murs de Paris pour annoncer l'ouverture des bals masqués, deux messieurs s'arrêtent.

L'un dit à l'autre :

[1] Une première série, publiée sous Caboche, est loin d'avoir le chic étourdissant qui distingue la seconde et toutes celles qui se sont succédé, pendant dix ans, sur le même sujet.

« — Viens y !...

« Viens, nous verrons danser les jeunes *dromadaires*
      « Le soir, lorsque les *bayadères*,
« Près du puits du désert s'arrêtent fatiguées. »

Cette inversion dans les rimes du poëte est d'un esprit insolent.

Mais les portes de l'Opéra sont ouvertes. La foule des masques s'y précipite. Regardons passer devant nous, sur l'album, cet ouragan d'épisodes insensés que soulève la Folie d'un coup de sa marotte.

Une héroïne du bal rencontre dans les couloirs un bourgeois respectable, conduisant sous le bras un domino sérieux :

« — Ohé ! les amis, ohé ! crie-t-elle, il y a des épiciers qui amènent ici des fem-

mes honnêtes.... J'vas le dire au muni-
cipal! »

Feuilletons encore.

Ceci représente un collégien audacieux
qui trouve à son goût une superbe écail-
lère. Nous ignorons en quels termes il
lui exprime son admiration; mais la réponse de la dame est pittoresque :

« — Va dire à ta mère *qu'a* te mouche! »

Plus loin, un titi robuste empoigne le
bras d'un de ses amis, occupé à poursui-
vre une conquête aussi imprudente que
téméraire :

« — Arrête, malheureux! lui crie-t-il,
c'est ma tante! »

Nous ne pouvons reproduire ni le dra-

matique du geste, ni la figure du conqué-
rant qu'on désabuse.

Et les intrigues, et les quiproquo, et
les rencontres, et les désillusions, et les
mille incidents burlesques de ces folles
soirées.

Gavarni est un peintre de mœurs auquel rien n'échappe [1].

« — Ah! je vous avais prévenu, monsieur, je suis laide et vieille ! » murmure,
en se démasquant, une aimable sexagé-
naire, attablée vis-à-vis d'un jeune
homme qui l'a priée à souper en tête à
tête.

[1] Lorsqu'il allait au bal de l'Opéra (il n'en manquait pas un seul), il disait : « Je vais à la bibliothè-
que. »

Jugez de la grimace du vainqueur!

Il n'est plus temps de se dédire; le garçon apporte les huîtres.

Où sommes-nous? Quel est ce réduit
obscur, et quelle âme barbare ose y ren-
fermer ces gentilles personnes en costume
de débardeurs?

« — Être fichues au violon comme des
riens du tout! deux femmes comme il
faut.... Vingt dieux! »

D'autres scènes se passent chez le commissaire.

Un couple délinquant se voit sommé
par le magistrat de répondre à une accu-
sation de poses chorégraphiques sus-
pectes.

Au fond, lès gendarmes gardent la porte.

« — Vous ignoriez, dit le commissaire, que cette danse fût défendue par l'autorité! Cela n'est pas probable. Vos noms et prénoms?

« — Benjamin Léger, employé aux *Menus-Plaisirs*.

« — Félicité Beaupertuis, *rentière*. »

Ouvrons un autre album. Voici les *Petits malheurs du bonheur*, les *Maris vengés* et les *Fourberies* de ces dames en matière de sentiment.

« Pour justifier sa présence chez la moitié d'un dentiste, ce pauvre Adolphe se fait arracher une dent par le mari. »

Ce n'est pas tout, hélas! il lui arrive

un désagrément plus grave : « Au petit jour, il a été pris pour un voleur, et il a reçu toute une charge de plombs dans les reins. »

Mais cela ne corrige point M. Adolphe.

Guéri de son coup de feu, et voulant, un autre jour, se soustraire à l'arrivée subite du maître du logis, notre Lovelace, éperdu, se fourre sous une ottomane, où bientôt il se livre à cet aparté plein d'a-mertume :

« — Être victime d'un mari qui abuse de votre position, se met à son aise; prend son temps, et vous écrase sous le poids de ses droits! »

La scène est amusante, et la vindicte conjugale est satisfaite.

Passons aux *fourberies* de ce sexe qu'on nomme enchanteur.

« — On a pipé ici? » grommèle monsieur, rentrant de la Bourse et flairant un parfum inusité.

« — Hein? répond madame avec un air candide.... Ah! c'est moi qui ai voulu voir pour ma dent du fond... Ma foi, c'est bien des bêtises, ça ne fait rien! »

Aux environs de Paris, un couple conjugal se promène sentimentalement.

« — Tu avais raison, dit l'époux, c'est plus joli par ici que par là-bas. (Apercevant un jeune fashionable qui s'avance, le nez et la badine en l'air.) Tiens! monsieur Gustave!... Ah! bien, on peut dire qu'en voilà une rencontre! »

Pauvre homme !

Écoutons ce triste Coquardeau, confiant ses inquiétudes au médecin de la famille.

« — Eh ! docteur, vous vous trompez ! ça ne ferait que six mois, que diable !

« — Mon cher Coquardeau, la nature a des mystères qu'il n'est pas toujours donné à notre science d'approfondir. »

Il nous semble entendre se récrier ici les stupides Aristarques dont la plume haineuse cherche à nous trouver en défaut.

Ces honnêtes gens nous accusent de montrer de la sympathie pour Béranger, le chantre de la gaudriole ; ils s'indignent

des louanges accordées à Déjazet, préten-
dent que nous avons absous, avant le re-
pentir, une piquante soubrette de la Comédie-Française, et déclarent que nous
offensons la saine littérature et la saine
morale en n'administrant pas assez de
coups de verges à Paul de Kock.

— Voyez! diront-ils, nous vous y pre-
nons encore, et vous compulsez avec dé-
lice les albums grivois de Gavarni!

Le diable, se faisant ermite, ne pourrait afficher plus de rigorisme, ni se donner de plus hypocrites allures.

Tout beau, messieurs, tout beau!

Les personnages qui ont reçu nos éloges, qui les reçoivent ou qui les rece-
vront, possèdent vos qualités absentes :

sincérité de cœur, loyauté d'âme, franchise, esprit, verve, bonhomie, gaieté.

Ceux-là ne sont point les corrupteurs systématiques, les ambitieux, les fourbes, les apôtres de la ruine sociale. Ils tiennent en main la marotte peut-être, mais ils ne font usage ni de la hache ni du marteau.

Voilà pourquoi, messieurs, nous sommes indulgent pour eux.

Déjà nous l'avons dit, tout en nous déclarant chrétien, nous restons artiste.

Nous ne brisons ni les statues de Phidias ni les pinceaux d'Apelles; nous ne vouons aux flammes ni les pages de Rabelais, ni les chansons de Béranger, ni le roman de *Sœur Anne*.

Avec Jésus dans le temple, nous trouvons qu'il est inutile de lapider les pécheresses, à moins qu'à l'instar de certain bas bleu de votre connaissance elles n'érigent leurs égarements en système, et qu'elles n'aient l'impudeur d'imposer le vice comme une loi.

Revenons à nos albums.

Gavarni est plus moraliste qu'on ne se l'imagine. Ses croquis renferment toujours un enseignement ou une critique.

La *Vie de jeune homme,* — les *Mères de famille,* — les *Impressions de ménage,* — les *Actrices,* — *Plaisirs champêtres,* — *Revers de médaille,* — les *Artistes,* — *Nuances du sentiment,* — les *Petits bonheurs,* — l'*Argent,* — les

Martyrs, — le *Chemin de Toulon,* — *Monsieur Loyal,* — *Affiches illustrées,* les *Gentilshommes bourgeois,* — toutes ces collections fourmillent de judicieuses études de mœurs, et sont loin d'être l'a-bécédaire du dévergondage et de la débauche.

Nous avons dit qu'il est impossible d'en dresser une liste complète; néan-moins voici les principales, outre celles que nous avons déjà citées et celles que nous citerons encore : *Faits et gestes du propriétaire,* — *Politique des femmes,* — le *Jeu de dominos,* — *Alcibiade Criquet,* — les *Gens de lettres,* — les *Rêves,* — les *Phrases,* — les *Interjections,* — la *Correctionnelle,* véritable *Gazette des Tribunaux* en action, renfermant cent dessins qui serviront plus tard à l'histoire de l'époque, — *Un couplet de vaudeville* ou la *Semaine des amours*; — les *Bosses* (phrénologie); — les *Petits jeux de société*, — l'*Éloquence de la chair*; — *Physionomie des chanteurs et des musiciens*, — les *Huissiers*; — *Souvenirs du bal Chicard*, etc., etc.

Dans cette dernière série, parmi nombre de types burlesques, on reconnaît, à ne pouvoir s'y méprendre, le fameux Donvé du Palais-Royal, chansonnier et bijoutier à ses heures perdues.

Gavarni lui a donné le nom de *Floumann.*

Dans cette liste incomplète des œuvres dues au crayon de l'habile dessinateur il ne faut pas oublier les *Scènes de la vie intime*, qui ne se vendent point aux étalages; — les *Portraits contemporains* et les *Nuits de Paris*, véritables merveilles lithographiques, éditées par MM. Bulla frères et Jouy, rue Tiquetone.

Sous le dessin de Gavarni, comme sous la lettre, il y a toujours la leçon donnée au milieu de l'éclat de rire.

« —Il ne m'ôterait seulement pas mon chapeau! » s'écrie un piteux chapelier, rencontrant sur le boulevard certain dandy qui n'a pas encore payé son couvre-chef orgueilleusement immobile.

Deux messieurs, dans un salon bourgeois, se promènent bras dessus bras dessous. L'un murmure à l'oreille de l'autre :

« — Quand tu voudras être fichu à la porte de cette maison-ci, tu n'as qu'à dire à la mère que la fille est charmante. »

Une dame soupçonneuse accompagne sa bonne au marché.

« — Vous voyez, Françoise, ce panier de fraises qu'on vous a fait trois francs. J'en offre vingt sous, et la marchande m'appelle.

« — Oui, madame, elle vous appelle... morue ! »

Si nous ouvrons l'album des *Impressions de ménage*, nous y apercevons deux jeunes mariées en train de se confier leurs désenchantements.

« — Édouard, ma chère, qui m'avait

tant juré qu'il ne fumerait jamais...

« — Il fume?

« — Il chique!! »

Voulez-vous la conclusion de ce court dialogue? Écoutez la portière en commérage avec une voisine.

« — Les hommes! madame Hue.... Quand ça veut une femme, c'est des sansonnets; on en prend un, c'est un crapaud. »

Paris le matin et *Paris le soir*, — les *Étudiants*, — les *Lorettes*, — les *Enfants terribles*, — les *Coulisses* et *Clichy* ont porté la réputation de l'artiste à son comble.

Un lion de premier choix, ganté beurre frais et portant des bottes vernies irréprochables, entre, le matin, dans un affreux galetas. Il s'incline avec toute la politesse d'un homme bien élevé devant une mégère au costume indescriptible.

« — Madame de Saint-Aiglemont, madame, s'il vous plaît?

« — C'est ici, monsieur. (*Criant*.) M'ame Chiffet!... on te demande. »

Paris le soir a des épisodes plus risqués.

Nous n'appuierons pas sur l'inconvenance de la demoiselle qui emprunte à Amanda son tire-bottes, ni sur l'ébahissement dû naïf *valet de chambre* qui trouve une rosette au lacet, quand il est sûr d'avoir fait un nœud le matin.

Le bourgeois revenant du théâtre est plus naïf encore.

Sa femme et l'ami de la maison, chacun dans un fauteuil et à distance respectable l'un de l'autre, semblent parfaitement endormis à son retour.

« — Comme ils se sont amusés... avec leur sot roman !... Au lieu de venir avec moi à la Comédie-Française... Ils auraient vu *Georges Dandin*, les nigauds ! »

Nous sommes au quartier d'outre-Seine, et voici les *Étudiants*.

Comme il est impossible que cet examen des albums de Gavarni vous fatigue, achevez avec nous de les parcourir. Vous êtes en présence de ses meilleurs types.

Examinez ce jeune disciple de Cujas. Il

ose tendre la jambe à sa compagne, en accompagnant le geste de ce pompeux discours :

« — O femme! chef-d'œuvre de la création! reine de l'humanité! mère du genre humain... tire mes bottes! »

Ces trois lignes renferment toute une satire à l'adresse de madame George Sand. Mais une autre scène nous réclame.

Le bâtiment que vous voyez en face est la Clinique. Une grisette poursuit un de ces messieurs jusqu'à la porte du sanctuaire de l'anatomie humaine.

« — Voilà six mois que vous me promettez un mantelet, dit-elle, ce n'est pas gentil!... Tu n'as pas le sou! tu n'as pas le sou!... Vous aviez bien besoin d'acheter encore un cadavre?... Égoïste, va ! »

Nous concevons que Gavarni fasse dire à l'étudiant prêt à s'en aller en vacances :

« — Adieu, je te laisse ma pipe et ma femme... Aie bien soin de ma pipe ! »

L'heure est venue de préparer ses malles. On devise avec un camarade en fermant le sac de nuit.

« — Cette année?... j'ai culotté cinq pipes... sans compter les fioles que j'ai décoiffées, les carreaux que j'ai cassés et les municipaux que j'ai cognés!... Et tu verras que mon auguste père va dire encore que je n'ai rien fait ! »

Pendant les vacances, l'étudiant joue au

petit saint, pour ne point compromettre son budget futur.

On le voit se promener gravement avec une vieille cousine dévote, dont il doit un jour palper l'héritage.

« — Et le dimanche, que fais-tu, mon garçon?

« — Ma cousine, le dimanche, nous allons dans un jardin qu'on appelle la Grande-Chaumière, où nous entendons de la musique religieuse.

« — Après vêpres?

« — Oui, ma cousine, après vêpres. »

La collection des *Lorettes* est interminable; arrêtons-nous seulement à quelques esquisses rapides.

« Au 1er janvier prochain, écrit le monsieur, je payerai à l'ordre de mademoiselle Beaupertuis la somme de deux cent soixante-quinze francs, valeur reçue... » (En quoi? en affection, en tendre intérêt, en dévouement?)

« — Pas de bêtises, voyons! dit la demoiselle, penchée sur le fauteuil ; en marchandises. »

Une autre de ces dames, à demi ensevelie sous les coussins d'un divan, débite à un fils de famille cette harangue significative :

« — Et la bicoque de ton grand-père, puisqu'on t'en donne quarante mille francs, qu'est-ce que t'en fais?... Je ne sais pas comment tu n'es pas honteux, un homme comme il faut, d'avoir une maison rue Bar-du-Bec. »

Il est tout simple, puisque monsieur paye, qu'il exige un peu de fidélité.

La lorette n'en reconnaît pas l'urgence.

« — Voyez-vous, mademoiselle, il se tient sur votre compte des propos qui commencent à m'ennuyer fort... et je suis décidé à vous prier de me chercher un successeur.

« — Mais vous en avez déjà deux, mon cher ! »

Passons aux *Enfants terribles*. C'est évidemment la série la plus spirituelle et la plus heureuse. Dialogues ou monologues, questions ou réponses, tout est vérité, tout est nature.

On dîne. Un petit bonhomme se lève, montre d'une main le poulet qu'on découpe, et, de l'autre, un convive placé en face de ses parents :

« — Mère, est-ce que c'est le *crevé* de ce matin que t'as dit que ça serait toujours assez bon pour lui? »

Jugez de l'effet de ces paroles.

Pour ce qui précède comme pour ce qui va suivre, notre seul regret, vous devez le comprendre, est de ne pas vous mettre le dessin sous les yeux. Gavarni perd la moitié de votre admiration.

Nouvelles histoires.

La porte s'ouvre. Un personnage à l'air simple se présente, et l'enfant terrible l'aborde en disant :

« — Qui est-ce donc qui l'a inventée, la poudre, monsieur?... que papa dit que ce n'est pas vous. »

Un séducteur en espérance demande à une très-jeune fille :

« — Petit amour, comment s'appelle madame votre maman?

« — Maman n'est pas une dame, monsieur; c'est une demoiselle. »

Et cette question faite à un noble vieillard affligé de strabisme : « — Est-ce vrai, monsieur le marquis, que vous êtes obligé de regarder en Bourgogne si la Champagne brûle?... Comme ça doit vous ennuyer! »

Nous n'en finirions pas, si nous voulions tout citer et tout peindre.

Les *Coulisses* nous offrent une quantité de détails aussi amusants. Prêtez l'oreille au dialogue de ces deux magnifiques per-sonnes, l'une costumée en Diane et l'autre en Amour.

Diane. « — Tu ne sais pas, m'ame Alexandre, ma levrette a fait ses petits.

L'amour. « — C'te pauv' Zémire !

Diane. « — Oui, mais c'est tout cani-ches.

L'amour. « — Une levrette faire des ca-niches ! Ah bien, merci ! en v'là encore une de gueuse ! »

Plus loin, nous voyons un superbe Maure, quittant la scène et rapportant une odalisque entre ses bras.

« — Quoi ! jeune vierge du désert, lui

dit-il, je te soustrais à d'infâmes ravis-
seurs, je protége tes jours, je te sauve
l'honneur... et tu m'appelles cornichon! »

Nous allons être indiscret; mais pourquoi celer quelque chose quand on écrit
l'histoire?

Clichy et son épopée tragi-comique ont
été crayonnés par Gavarni sur les lieux
mêmes.

En vertu d'instances non périmées et
relatives au *Journal des gens du monde*,
certains bourgeois inflexibles s'obstinèrent
à payer pension au dessinateur; comme,
depuis, le grand Émile daigna faire pour
nous [1].

---

[1] Gavarni fut arrêté d'une façon piquante. Les huissiers de Paris sont pleins de finesse. Notre artiste

On venait tous les soirs chercher les dessins du *Charivari*.

Altaroche était alors administrateur du journal. De temps à autre, il se permettait sur les croquis de l'artiste des observations aussi profondes que judicieuses.

Nous en donnerons un exemple.

Les pensionnaires de la prison pour

était au bal de l'Opéra. Un dandy fort distingué l'aborde, cause avec lui, fait des mots, se montre charmant et l'invite à souper après le bal. On mange gaiement, on boit du meilleur, et, de flacons en flacons, on gagne le jour. Le dandy regarde sa montre: « Prenons-nous un peu l'air? fait-il sur un ton d'indifférence. — Oui, vraiment, dit l'artiste, j'en ai besoin. » Ils sortent. Deux gardes du commerce sont à l'entrée du restaurant. Le dandy, qui a payé l'addition, salue son convive et se nomme. C'était M. Fumet, huissier, place de la Bourse. Les gardes du commerce prièrent poliment Gavarni de les suivre.

dettes reprochaient à Gavarni de les repré-
senter *gobelottant* du matin au soir, chan-
tant, riant, faisant l'amour.

— En vérité, lui disaient-ils, cela n'excite
pas l'intérêt en notre faveur. Composez
quelques scènes plus sérieuses. Il y a ici
d'honnêtes gens qui souffrent et qui sont
victimes.

Sensible à ce reproche, Gavarni dessine
un pauvre artisan, que sa jeune femme
visite dans l'étroite cellule des prisonniers.
Elle lui donne son enfant, qu'il embrasse;
puis elle dépose sur une table un livre,
quelques effets et des provisions.

« — Tiens, mon ami, dit-elle, voilà ta
pipe, ta casquette et ton Montaigne. »

Gavarni donne cette vignette au commissionnaire du journal, qui bientôt rapporte l'épreuve et dit :

— M. Altaroche trouve cela fort bien, mais il demande pourquoi vous appelez le petit garçon Montaigne?

On voit que dans ce siècle d'instruction et d'intelligence, il suffit quelquefois d'en avoir une dose très-minime pour devenir rédacteur d'un journal en vogue[1]; sans compter que cela vous aide à être élu ca-

---

[1] « — Eh! qui fera le *Carillon* pendant votre absence? » disait un jour l'imprimeur du *Charivari* à Albert Clerc. Celui-ci se disposait à faire un voyage. « Bon! répondit-il, en moins d'une heure j'apprendrai la chose à Altaroche; le premier venu peut s'en acquitter aussi bien que moi. C'est un truc. »

pitaine de la garde nationale, député sous
la République, à passer directeur de l'O-
déon, puis des Folies-Nouvelles, et à rem-
plir son boursicaut pour acheter de belles
et bonnes terres dans ce doux pays du
Cantal.

De 1834 à 1845 Gavarni eut une
véritable existence d'artiste, échevelée,
bruyante, pleine d'émotions et de folles
joies.

Il fréquentait beaucoup le salon de madame Mélanie Waldor, muse égrillarde,
qui trouvera place quelque jour dans notre
galerie.

Le lecteur sait à quelles escapades pro-
fanes se livraient Gavarni, Texier, Gonza-

lès[1] et saint Veuillot, au sortir du cercle de cette dame.

On leur avait mis là le diable au corps.

Notre héros donnait lui-même, tous les huit jours, des soirées étourdissantes, où l'on rencontrait madame Coquardeau (ce type a vécu !), Balzac, Henry Monnier, Old-Nick (Forgues), Julien Lemer, Ourliac[2], Laurent Jan, Jules Sandeau, Chevallier[3], etc., etc.

[1] Voir la biographie de ce dernier, pages 72 et suivantes.

[2] Ourliac était alors un garçon plein de verve et de pétulance. Ni lui ni sa femme n'avaient point encore été *convertis* par M. Veuillot.

[3] Ce personnage, aujourd'hui très-riche, était le factotum de Gavarni. Ses cheveux, d'un rouge ardent, l'avaient fait surnommer *Flambeau-rouge*. Depuis, Jules Sandeau l'a dépeint dans son roman du *Docteur Herbeau*, sous le nom de Flamborough.

Il y avait les soirées *décentes*, et celles...
qui l'étaient moins.

Au bas de la formule d'invitation, si l'on
voyait ces mots : *Pas de dromadaires!*
on savait à quoi s'en tenir. Chacun se pré-
sentait dans une tenue fort honnête, et
avec la ferme résolution de montrer des
mœurs irréprochables. On jouait aux jeux
innocents, on faisait des charades.

La mère de Gavarni assistait aux soirées
décentes. Elle demeurait, avec son fils,
rue Fontaine-Saint-Georges, n° 1.

Notre héros était alors ce qu'il est aujourd'hui, c'est-à-dire un être passablement
capricieux et fantasque, mais excellent

cœur, ami sincère, plein de dévouement et d'obligeance.

Il fut un jour épouvanté par une nouvelle terrible.

Les gazettes annonçaient que le notaire Peytel venait d'assassiner sa femme et son domestique. Peytel avait été l'ami d'enfance de Gavarni.

— Oh! c'est impossible, il n'est pas coupable! se dit l'artiste.

Aussitôt il prend la poste et court à grandes guides au secours du malheureux que la justice accuse. Il fait partager sa conviction à Balzac, et Balzac l'accompagne dans ce voyage.

Six jours après, arrive à Paris la lettre suivante :

« A M. Dutacq, gérant du *Siècle*.

« Toutes les prévisions de ceux qui croient à la non-culpabilité de Peytel sont réalisées; ainsi mon voyage et celui de Gavarni contribueront sans doute à sauver la vie et à rendre l'honneur au pauvre condamné qui, sans nous, aurait *péri par honneur* [1]. Nous sommes forcés d'aller à Belley chercher quelques renseignements, et dans quelques heures nous partons pour Paris. Je suis en mesure de démontrer les erreurs commises par la justice et d'em-

[1] L'explication du drame et celle de l'innocence de Peytel se trouvent dans ces trois mots de Balzac.

pêcher un de ces malheurs irréparables qui sont une flétrissure pour des époques éclairées, et, dans peu de temps, la presse pourra compter dans ses états de service une victoire de plus, en offrant au pays une vie exempte de blâme arrachée à l'échafaud. La famille Peytel vous devra beaucoup pour le concours que vous allez nous prêter, et nous aurons tous fait une bonne action.

« DE BALZAC.

« *P. S.* Mon cher Dutacq, ce pauvre garçon n'est pas coupable, et il y a *mal jugé*. Nous triompherons. Gavarni, après notre entrevue avec Peytel, était fou de joie, et notre tâche ne sera pas aussi difficile que je le croyais. »

Hélas! Balzac et Gavarni ne conservè-
rent pas longtemps leur illusion

La cour d'assises maintint l'arrêt de
mort, et Louis-Philippe refusa de signer
la grâce, en dépit de toutes les preuves
d'innocence qu'on lui fit passer sous les
yeux.

Malheureusement les détails de cette
affligeante erreur judiciaire ne s'écrivent
pas. Gavarni seul peut les raconter.

Notre héros était en fort bons termes
avec le duc d'Orléans; il ne manquait pas
une soirée du prince.

Puisque nous venons de citer une lettre
de Balzac, en voici une de Gavarni, qu'on
ne lira pas sans intérêt :

« Chère madame,

« On est, depuis hier, fort triste à Paris. La poste vous portera nos journaux avant ce billet. — Pauvre duc d'Orléans ! jeune, beau, heureux, et si peu haï pour un prince ! Et quelle mort !

« Voyez-vous ce que la fatalité a ces jours-ci de brutal, et comment la Providence nous prend les hommes cette année ! Au chemin de fer, Dumont d'Urville. — Faites donc deux fois le tour du monde ! — Et les autres !

« Vous savez le mot du vieux maréchal Soult : « Il paraît qu'on fait l'appel là-« haut ! » Je pense que le pauvre prince a dû sourire à ce mot-là et le redire, — et il devait répondre à cet appel avant l'ancien!

« Je me souciais aussi peu de cette famille que de l'autre, que de la république, que de tout ce qui est de la politique ; mais j'aimais personnellement ce pauvre jeune homme. — Il avait été gracieux et excellent pour moi. — Je n'aime pas le roi, il m'a refusé la grâce de Peytel avec une sécheresse courtoise toute royale ; mais qui n'aurait pas pitié pourtant de ce père à ce chevet et derrière cette litière ? — Et la reine, une bonne mère, à ce qu'on dit!

« Enfin, c'est fini, — tout finit. — On y pensera deux jours ; — on parle déjà des conséquences politiques de l'événement. Il était vraiment temps que la politique eût quelque raison d'être ennuyeuse. — Et, à propos de cela, parlons un peu de cette *science*, comme on l'appelle, et de l'admirable nature de ses principes : voici trente-trois millions de personnes pour lesquelles l'avenir a été mis en danger, hier, par la mort d'un homme ! Cons-ti-tu-ti-on-nel-le-ment parlant. — C'est ingénieux !

« Vraiment l'absolutisme a enfanté bien des énormités, — presque autant que le républicanisme; — mais le *constitutionnel* a dépassé les bornes de tout ce qui est imaginable dans le niais.

« En attendant que tout soit à feu et à sang, voilà ce pauvre homme mort, et je le regrette bien.

« Adieu, chère madame ; écrivez-moi, parlez-moi de vous et de notre Zaza.

« Voici un petit mot pour elle.

« GAVARNI. »

On peut renouveler le mot d'Alfred de Musset sur Eugène Delacroix, et dire de notre héros : « Ce dessinateur a un joli bec de plume à son crayon. »

Curmer, pour sa *Pléiade*, demanda tout à la fois à Gavarni des esquisses et des nouvelles. L'auteur du *Carnaval* et des *Enfants terribles* écrivit une légende fantastique, appelée *madame Acker* [1].

---

[1] Le *Salmigondis*, collection en dix volumes in-8°, dans le genre du livre des *Cent et un*, renferme deux

A cette époque, il était fort bel homme.

Nous ne savons plus quel atelier de parfumerie s'avisa de choisir son portrait comme enseigne, après l'avoir calqué sur une étude prise aux *Beaux-arts* de Curmer. Bientôt le célèbre artiste eut l'agrément de se voir, à chaque étalage de parfumeur, collé aux pommades, aux savons et aux cosmétiques.

Tout en faisant les dessins du *Charivari*, de la *Caricature* et du *Figaro* [1],

autres petits romans de Gavarni. Un éditeur, en ce moment, s'occupe de les réunir et d'en publier une seconde édition.

[1] Trois dessins par jour, à quarante francs le dessin. Gavarni dessine avec une rapidité merveilleuse, travaillant toujours debout et en fumant la cigarette. Il a un pouce couleur de bistre et complétement rôti.

Gavarni se chargea d'illustrer les *Contes* d'Hoffmann, la *Philosophie de la vie conjugale* de Balzac et les *Physiologies* d'Aubert et de Philippon.

C'était une véritable locomotive artistique chauffée à toute vapeur.

Il livrait au commerce une infinité d'aquarelles, fournissait par an douze costumes nouveaux à la maison Martinet, composait dans les *Français peints par eux-mêmes* les types les plus réjouissants, et trouvait encore moyen de se mettre à la disposition d'Hetzel pour ce fameux *Diable à Paris*, dont chaque esquisse fut couverte d'or.

Excessivement généreux de sa nature, Hetzel ne comptait pas avec les artistes.

Gavarni le sait mieux que personne.

La plupart des dessins du *Diable à Paris* appartiennent à notre héros. Tout compte fait, il y a de lui, dans ce livre, cinq grandes séries [1] et deux cent cinquante gravures.

On affirme qu'il eut l'impardonnable audace d'enrichir la collection du portrait de quelques bas bleus dont il avait fait la rencontre dans le salon de madame Wal-

---

[1] *Oraisons funèbres*, — *Boudoirs et mansardes*, — les *Cabarets*, — les *Gens de Paris* et les *Gens de la banlieue*. On retrouve là toute sa verve et tout son esprit. L'une des pochades les plus curieuses est celle de l'ouvrier trop *ému*, qui descend de la barrière avec son épouse. « — Que veux-tu, Zénobie? Chacun sa misère! Le lièvre a le taf; le chien, la puce; le loup, la faim... L'homme a la soif. » Zénobie répond : « — Et la femme a l'ivrogne! »

dor. Au bas de ces portraits, on lit plu-
sieurs légendes en vers assez piquantes.

Nous en citerons deux.

L'heure du repas approche. Une muse,
trop pauvre pour avoir une cuisinière,
dépose la plume et s'entoure les flancs
d'un prosaïque tablier de ménage.

Laissant inachevé l'hymne qu'Amour inspire,
Il faut vers d'humbles soins ramener ses esprits.
Mettons aux petits pois l'oiseau cher à Cypris.
Voici l'heure où le gril va remplacer la lyre.

Vis-à-vis d'un monsieur qui absorbe
gloutonnement une gibelotte, et dont la
chevelure, longue et flottante, annonce un
peintre, une seconde muse (elle a, Dieu
nous pardonne, son encrier près de son

assiette!) épanche son cœur en rêves amoureux et poétiques :

> Une odeur de cuisine aux myrtes est mêlée,
> Et suit jusqu'en ses vers la muse échevelée.
> Combien, dans ces ébats tendres et pudibonds,
> Le civet a de pleurs et l'amour a d'oignons !
> De regrets bien amers illusion suivie !
> Où cacher ta couronne, auguste poésie,
> Quand la Réalité marchandera demain
> Le portrait du galant et la peau du lapin ?

Au commencement de 1846, le dessinateur se maria.

Deux beaux garçons, issus de cet hymen, portent le nom d'artiste de leur père.

Afin de les mettre à même de signer un jour ce nom légalement, Gavarni le fit inscrire à l'état civil commé prénom.

L'employé de la mairie trouvait à cela de graves difficultés.

— Monsieur, dit-il, on ne peut donner aux enfants que des noms pris dans l'histoire ancienne ou dans l'histoire moderne.

— Justement, dit Gavarni, je vous donne un nom emprunté à l'histoire contemporaine.

Piqué par la mouche du caprice, notre héros fait un matin ses malles et se dirige sur Calais.

Il se jette en paquebot, traverse la Manche, débarque à Douvres, et, trois années durant, on ne le revoit plus

Pendant cet intervalle, il se livre à des courses sans nombre et à une étude approfondie des mœurs britanniques. Le sac sur le dos, le bâton de touriste à la main, il arpente de long en large les trois royaumes [1] et se confie à un navire danois pour aller dans la mer du Nord visiter les Hébrides et la grotte de Fingal.

Pendant toute la durée de ce voyage, il envoya nombre de dessins en France, et quelques articles curieux, insérés dans les

[1] Il s'est représenté lui-même, voyageant dans les montagnes de l'Écosse avec un peintre de ses amis. Au bas de la vignette (voir la collection des *Masques et visages*) se trouve ce dialogue :

« — Paúl ?

« — Hein ?

« — Les milles d'Écosse, ça n'est pas gai !

« — Ni l'*Émile* de Rousseau non plus. »

journaux avec cette rubrique : *Points de vue sur l'Angleterre.*

Un de ces factums, à la date du 30 septembre 1850, raconte l'enterrement de l'ex-roi Louis-Philippe, auquel Gavarni a eu l'honneur d'assister.

De retour en France à la fin de décembre, et riche d'observations nouvelles, il publie les *Anglais chez eux,* — les *Bohèmes,* — les *Invalides du sentiment,* — les *Lorettes vieillies,* — les *Parents terribles,* — *Histoire de politiquer,* — les *Petits mordent,* — la *Foire aux amours,* — les *Propos de Thomas Vireloque,* — les *Partageuses,* etc., etc.

C'est un autre déluge de croquis où

l'artiste, devenu plus grave, plus philo-
sophe, multiplie les enseignements et les
études sérieuses.

La remarque s'applique surtout aux
Propos de Thomas Vireloque et aux *Lo-
-rettes vieillies.*

Thomas Vireloque est une sorte de Dio-
gène moderne, sans tonneau, mais plus
déguenillé que l'ancien, et pour le moins
aussi fort en cynisme.

« — Belle créature !... et pas de cor-
set !. » dit-il, admirant dans les prés une
vache superbe.

Ailleurs il s'écrie :

« — L'homme est le roi de la création!... Qui a dit cela? L'homme. »

Penché sur une muraille en ruine, il
aperçoit des marmots qui tiennent un rat
par la queue et lui font subir des tor-
tures.

« — Misère-et-corde! dit le vieux cy-
nique, faut pas chagriner ces petits mon-
des-là, des animaux comme nous autres...
Ça se dévore entre soi! »

Écoutez sa leçon d'histoire à une
troupe de collégiens en promenade; elle
est aussi profonde que laconique :

« — L'histoire ancienne, mes agneaux,
c'est mangeux et mangés. Blagueux et
blagués, c'est la nouvelle. »

Debout contre un poteau du télégraphe électrique, Thomas Vireloque se livre au monologue suivant :

« — Y avait la parole; y a eu l'imprimerie... Misère-et-corde! ne manquait plus que ce fil de fer du diable à la menterie humaine pour vous arriver de longueur aussi roide qu'un tonnerre! »

Dans les *Lorettes vieillies*, le grand artiste donne la conclusion morale de ses premiers dessins.

Nous trouvons là des pages effrayantes et bien capables d'inspirer d'amères réflexions aux folles créatures lancées par le désordre sur la route semée de fleurs qui leur cache l'abîme.

Une de ces déesses vieillies, abominable
de décrépitude et de laideur, dit, en re
gardant ses mains :

« — De la beauté du diable, voilà tout
ce qui me reste... des griffes ! »

Une autre, en tête-à-tête avec une bou-
teille de trois-six, dernière consolation de
ces dames, rêve tristement à son passé
honteux.

« — J'ai pour moi qu'on peut dire que
l'être choisi par mon cœur m'a fichu plus
de coups que de satisfaction ! »

« — Les poëtes de mon temps m'ont
couronné de roses, dit une troisième,...
et, ce matin, je n'ai pas ma goutte ! et pas
de tabac pour mon pauvre nez ! »

Qu'est devenue leur opulence? Où se sont engloutis les trésors que leur prodiguait la débauche? Ils sont retournés au vice.

« — Ma petite maison, maman l'a mangée; mon frère Zidor a joué mes chevaux, mes châles, mes bagues.... et feu mon père a bu le reste. »

En voici une qui, de sa calèche, est tombée dans le ruisseau.

Le passant lui fait l'aumône, et la reconnaissance de la malheureuse lui dicte ces paroles, bien capables de donner le frisson :

« — Charitable monsieur, que Dieu préserve vos fils de mes filles! »

Dans *Histoire de politiquer*, dans les *Maris me font toujours rire*, dans la *Foire aux amours* et dans les *Partageuses*, Gavarni retrouve la verve comique de ses anciennes collections.

Au poste dé l'Hôtel de Ville, deux gardes nationaux épiciers règlent entre eux les affaires de l'Europe.

« — Giboyeux, dit l'un, vous ne vous méfiez pas assez de l'Angleterre.

« — Et la Prusse, dit l'autre, qu'en ferons-nous ? »

Un de ces maris trop calmes, dont la confiance, l'amour-propre et la sottise couvrent les yeux d'un triple bandeau,

se promène en compagnie de son beau-
père.

« — Ah çà! mon gendre, vous ne crai-
gnez pas d'envoyer votre femme comme
ça faire trois cents lieues en diligence? »

Le mari répond :

« — Je connais le conducteur. »

Gavarni, dans la *Foire aux amours*,
nous donne une reprise du *Carnaval*. Re-
gardez cet affreux Pierrot causant avec
un débardeur.

« — Moi, dit le Pierrot, je n'ai pas de
chance : je n'ai fait qu'une fois une femme
au bal masqué... et c'était la mienne! »

Voici les *Partageuses*.

Une de ces galantes personnes, penchée avec grâce, considère son fournisseur en titre, — un museau fort laid, du reste, — et murmure :

« — Plus je te vois, plus je l'aime ! »

Tournez le feuillet, notre donzelle est en conversation avec une de ses amies, qui lui donne ce machiavélique conseil :

« — A ta place, moi, je lui reprocherais tous mes torts, et ce serait fini ! »

Deux lions se promènent. Une femme passe.

« — Tu connais cette charmante personne ?

« — Parbleu! c'est la femme de deux de mes amis! »

Nous assistons maintenant à une scène de rupture. Le monsieur fait des reproches bien naturels en semblable circonstance, et la dame répond :

« — Vous ne m'avez jamais de la vie donné qu'un petit chien et un bouquet de dix sous. Eh bien, vous avez eu pour un chien dix sous d'amour! »

Il est de fait que nous en passons, et des meilleures.

La série des *Partageuses* se complète, comme citations, par le propos de la bonne qui brosse les chaussures de madame et celles de monsieur :

« — Faut dire que ces bottines-là auront fréquenté pas mal de paires de bottes! »

Gavarni donna presque tous ces dessins au journal *Paris*[1], feuille imprudente qui se fit suspendre, par excès de confiance dans la prose de M. Alphonse Karr.

Depuis la disparition de ce journal,

---

[1] La grande maison lithographique de M. Lemercier, rue de Seine, se chargeait du tirage des planches. On était obligé souvent de courir chez Gavarni, à cinq heures du soir, pour obtenir le croquis du lendemain. Il le crayonnait séance tenante, et en vingt minutes, devant M. Lemercier, confondu. Celui-ci, rapportant un soir la planche, s'aperçoit que le dessinateur ne lui a pas donné la lettre. Le dessin représentait un lion braquant son binocle sur une promeneuse en toilette splendide. M. Lemercier retourne chez Gavarni de toute la vitesse de son cabriolet. « — Que faut-il écrire au bas? lui demande-t-il. — Mon Dieu, ce que vous voudrez, répond l'artiste, la première chose venue : « Ma blanchisseuse! »

notre héros, jeune encore, semble décidé
à mener la vie de paresse.

Retiré à Auteuil dans une petite maison
charmante, située au Point-du-jour, il
s'occupe à bouleverser des quinconces,
renverse des pans de mur, et passe avec
les maçons des journées entières.

Duvelleroy eut toutes les peines imagi-
nables à obtenir le dessin d'un éventail
commandé par la reine Victoria.

Gavarni méprise l'argent.

Plus d'une fois on lui a dressé un pont
d'or, sur lequel il n'a pas voulu passer,
retenu qu'il était dans le domaine de ses
originalités et de ses caprices[1].

[1] Il dessine, un jour, gratuitement, un portrait fort

Il vient de louer une partie de sa maison à un instituteur, afin que l'éducation de ses enfants puisse être faite sous ses yeux.

On assure qu'il a congédié sa cuisinière, et qu'il se rend au réfectoire, quand sonne la cloche, pour dîner en compagnie dés élèves.

L'illustre dessinateur est sage et mange très-proprement.

Sa villa d'Auteuil a des jardins immenses. Il a trouvé convenable d'acheter la plupart des petites propriétés du voisinage. Le jour où il fit l'acquisition de ces

remarquable de M. Torlot, caissier de la maison Lemercier. Un ami de celui-ci fait offrir mille francs à l'artiste pour avoir le sien. Gavarni refuse net.

terrains, il dut se rendre, pour signer
l'acte, chez le notaire Leroux, rue de
Grenelle.

— Gavarni!... Ah! très-bien, je connais ce nom-là, dit l'officier public... Oui,
oui!... C'est vous qui faites un tas de petites *bêtises*?

Aimable appréciation de l'art, au point
de vue bourgeois!

Cela dut flatter l'acquéreur.

L'opinion de M. Leroux contribua peut-
être à augmenter, chez Gavarni, cette indifférence étrange qu'en tout temps on
lui a connue pour ses œuvres.

On dirait que les grands artistes sont

possédés d'un diable fantasque et mutin,
qui se loge dans un coin de leur cervelle,
tout exprès pour y susciter des rêves ex-
travagants et les détourner, si faire se
peut, de leur avenir.

Heureusement le bon sens public est là
pour les fixer sur la ligne droite.

Ils regimbent, ils se démènent, toujours
pressés par le diable ennemi. Si la peinture est dans la spécialité de leur talent,
ils veulent aller du côté des lettres ; si la
nature les fait écrivains, ils veulent être
peintres, virtuoses, sculpteurs ; ils s'indignent de voir qu'on les admire précisément
sous la face où ils se trouvent le moins
dignes de louanges ; ils accusent de stupi-
dité le public, qui leur amène la fortune

à droite, quand, à les en croire, leur véritable mérite est à gauche.

Gavarni, dans tous les temps, a eu cette originalité singulière [1].

A l'époque de la fondation de l'*Artiste*, Ricourt lui écrivit : « Cher maître, je compte sur vous; donnez-moi quelque chose, » et Gavarni se hâta de lui expédier sous enveloppe une pièce de vers.

En revanche, on sait que Victor Hugo, sur une invitation analogue, fit parvenir à Ricourt, au lieu de stances, un fort beau dessin.

[1] Lorsqu'on lui parle de ses délicieux albums, il s'écrie : « — Allons donc! en dessin je n'ai fait qu'une chose un peu passable : c'est un éventail pour l'impératrice. »

Aujourd'hui ce n'est plus son talent de rimeur que notre héros préfère.

Il se croit un algébriste de premier ordre et s'occupe jour et nuit d'approfondir les sciences mathématiques [1]. Le résultat de ses études, assure-t-il, est la découverte, non de la pierre philosophale, mais d'un procédé sûr pour arriver à diriger les ballons.

Son beau talent de dessinateur, misère et fumée !

Nous l'avons dit au début de ce livre; il y croit à peine; mais sa découverte aéronautique, peste ! N'essayez pas d'en mettre

---

[1] Il doit publier incessamment des cahiers de recherches sur la géométrie transcendante et sur le calcul intégral.

en doute la certitude. Fussiez-vous son ami
le plus cher, il vous prendrait en grippe
immédiatement[1].

Gavarni est superbe quand il démontre
par *a* plus *b* cette fameuse théorie.

La craie en main, il couvre d'équations
un tableau noir de deux mètres carrés.
On se croit en présence d'un examinateur
de l'École polytechnique.

Il cherche, depuis six ans, les deux millions nécessaires pour construire sa ma-
chine.

Dieu veuille qu'il les trouve !

Certes, la gloire d'Euclide et de Pascal

[1] Nous puisons ces curieux détails dans l'*Illustration*
de 1850.

ne nuira pas à sa gloire. Mais, jusqu'à nouvel ordre, bornons-nous à admirer le dessinateur, et non le mathématicien.

Le portrait de Gavarni peut se tracer en deux mots : c'est tout l'esprit français au bout d'un crayon.

FIN.

C'est pour le coup — si j'avais aller
Félix, rue de Grenelle sans te charger
d'un bonjour pour l'enfant — qu'on
dirait des choses !

Donc bonjour l'enfant — les enfants
— et à ce soir — le plus tôt possible
— Je trouve Baby un peu trop
immodérée dans l'expression de
ses sentiments.

La Providence en donnant à
l'homme l'amour — miel divin,
lui a aussi donné le mystère — voile
sacré.

après quoi faudra moucher ma
bien aimée.

à ce soir

Gavarni.

Vendredi.

HISTOIRE-MUSÉE
DE LA
RÉPUBLIQUE FRANÇAISE

DEPUIS

L'ASSEMBLÉE DES NOTABLES JUSQU'A L'EMPIRE

PAR

AUGUSTIN CHALLAMEL

ACCOMPAGNÉE

DES ESTAMPES, COSTUMES, MÉDAILLES,
CARICATURES, PORTRAITS HISTORIÉS ET AUTOGRAPHES
LES PLUS REMARQUABLES DU TEMPS

TROISIÈME ÉDITION

Le succès qui a accueilli les deux premières
éditions de ce livre pourrait, à la rigueur, nous
dispenser d'entrer dans de nouvelles explica-
tions sur l'intérêt des matières qu'il traite et

sur l'importance des nombreux documents qu'il contient; mais il nous a semblé qu'il ne serait pas hors de propos aujourd'hui de dire quelques mots sur la pensée de l'auteur, sur le plan qu'il a suivi et sur les motifs qui doivent faire, à notre avis, désirer en ce moment une réimpression de cet ouvrage.

L'*Histoire-Musée de la République française* n'est pas, à proprement parler, une histoire de la République, c'est-à-dire un récit plus ou moins détaillé des événements publics groupés et appréciés suivant la passion politique, le système ou l'école philosophique de l'auteur; elle n'est pas non plus, comme on pourrait le penser, un simple recueil de documents, plutôt fait pour les écrivains que pour les lecteurs; elle tient à la fois de ces deux genres de livres; plus impartiale et moins solennelle que les narrations des historiens, en ce qu'elle se borne, la plupart du temps, à exposer les circonstances dans lesquelles se sont produits les lettres, les dessins, les emblèmes, les caricatures, dont elle retrace et conserve l'image exacte comme autant de

monuments des luttes des partis, elle est moins
sèche aussi et plus instructive qu'une simple
collection de pièces, parce que, en guidant le
lecteur par un récit rapide des faits qui relient
entre elles ces productions si diverses de l'esprit français pris sur le fait dans le moment
où la surexcitation des passions de parti lui
donne l'essor le plus énergique, elle met l'ob-
servateur intelligent à même d'en déduire des
enseignements utiles.

On pourrait dire que l'*Histoire-Musée de
la République française* est la chronique du
mouvement quotidien de l'esprit français pendant la Révolution.

Quant à l'opportunité du moment choisi
pour cette réimpression, nul ne contestera
qu'elle ne saurait se produire plus à propos
que dans ces temps de calme si favorables à la
méditation, — ces temps où les esprits sérieux
aiment à chercher dans l'étude impartiale du
passé la raison d'être du présent et la leçon
de l'avenir.

CONDITIONS DE LA SOUSCRIPTION

L'Histoire-Musée de la République française, par Augustin Challamel, formera deux volumes grand in-8 jésus.

350 gravures sur acier et sur bois, dessinées et gravées par les meilleurs artistes, illustreront cet ouvrage, qui sera publié en 72 livraisons à 25 cent., et en 12 séries brochées à 1 fr..50 cent.

Chaque livraison contiendra invariablement 16 pages de texte, avec gravures, plus *deux gravures* sur acier ou sur bois, tirées à part, ou une gravure et un autographe.

Prix de la livraison, 25 centimes

LES PREMIÈRES LIVRAISONS SONT EN VENTE

ON SOUSCRIT A PARIS

CHEZ **GUSTAVE HAVARD**, LIBRAIRE-ÉDITEUR

RUE GUÉNÉGAUD, 15

Et chez tous les Libraires de la France et de l'Étranger.